DU BIST DEINE STADT!

Acht von zehn Menschen leben in Städten. Du auch? In jedem Fall wirst du schon einige Städte besucht und dabei erlebt haben, wie verschieden sie sein können: von liebenswert bis unangenehm. Aber wusstest du, dass hinter tollen Straßen, Plätzen und Gebäuden immer auch tolle Menschen stecken, die sich für ihre Stadt interessieren und einsetzen?

Das sind natürlich alle Menschen, die in ihr wohnen. Und auch die Politiker der Stadt, die viele Entscheidungen treffen und die Mitarbeiter der Stadtverwaltung, die sie ausführen. Um die einzelnen Stadtviertel so gestalten zu können, dass man dort gut leben kann, brauchen sie die Erfahrungen der Bewohner – also auch dich und deine Meinung!

Wenn du weiterblätterst, findest du viele Ideen, um die Stadt besser kennenzulernen. Und auch alle Infos zur #stadtsache-App, die du dir kostenlos runterladen kannst. Also schnapp dir, was du brauchst, mach mit, geh raus, leg los!

STEINE WARM ANZIEHEN

Wenn du gern häkelst, kannst du auch mal einem Stein einen Pulli anziehen. Sieht lustig aus!

AF634648

WIE FUNKTIONIERT DIESES BUCH?

→ Du kannst ganz viele Seiten in diesem Buch beschreiben, bekritzeln und ausfüllen. Und indem es dadurch immer mehr Ideen und Gedanken von dir enthält, wirst du zum Co-Autor oder zur Co-Autorin.

→ Vielleicht hast du aber auch Lust, verschiedene Seiten zusammen mit Fundstücken aus der Stadt, Bildern und Fotos in einem Ordner abheften, um so dein ganz eigenes Stadt-Erlebnisbuch zu machen.

→ In der #stadtsache-App findest du weitere Suchaufträge, die zu den Ideen in diesem Buch passen. Die App ist eine Art digitales Stadt-Tagebuch. Wie das aussieht, sieht du auf den Seiten 36 und 37.

Das Handy heißt: Bei dieser Aufgabe kannst du die App #stadtsache einsetzen. Der QR-Code führt dich direkt zu den Download-Links für iOS und Android. Oder du besuchst direkt die Seite www.stadtsache.de.

Laden im App Store

JETZT BEI Google Play

WIE ENTDECKST DU DEINE STADT?

→ Der wichtigste Schlüssel, gehört dir bereits: Es ist deine Neugierde. Pack sie am besten immer ein, wenn du nach draußen gehst. Dann wird selbst das Brötchen holen zur Entdeckertour.

→ Egal, ob du im Buch unterwegs bist oder in der Stadt: Nimm dir etwas Zeit, um dich treiben zu lassen. Verweile dort, wo du es besonders interessant findest. Und: Versuche herauszufinden, warum das so ist!

→ Unter www.stadtsache.de findest du viele Ideen und Tipps, zum Beispiel, wie du richtig gute Fotos in der Stadt machen kannst und was Licht und Schatten damit zu tun haben.

Die Häuser stehen immer dort, wo du Informationen über die Stadt findest.

Die Pylone bedeutet: Hier kommen Werkzeuge ins Spiel – frag bitte deine Eltern, ob sie dir helfen.

WAS FINDEST DU WO?

ENTDECKEN & MITMACHEN

MIXEN & ANMALEN

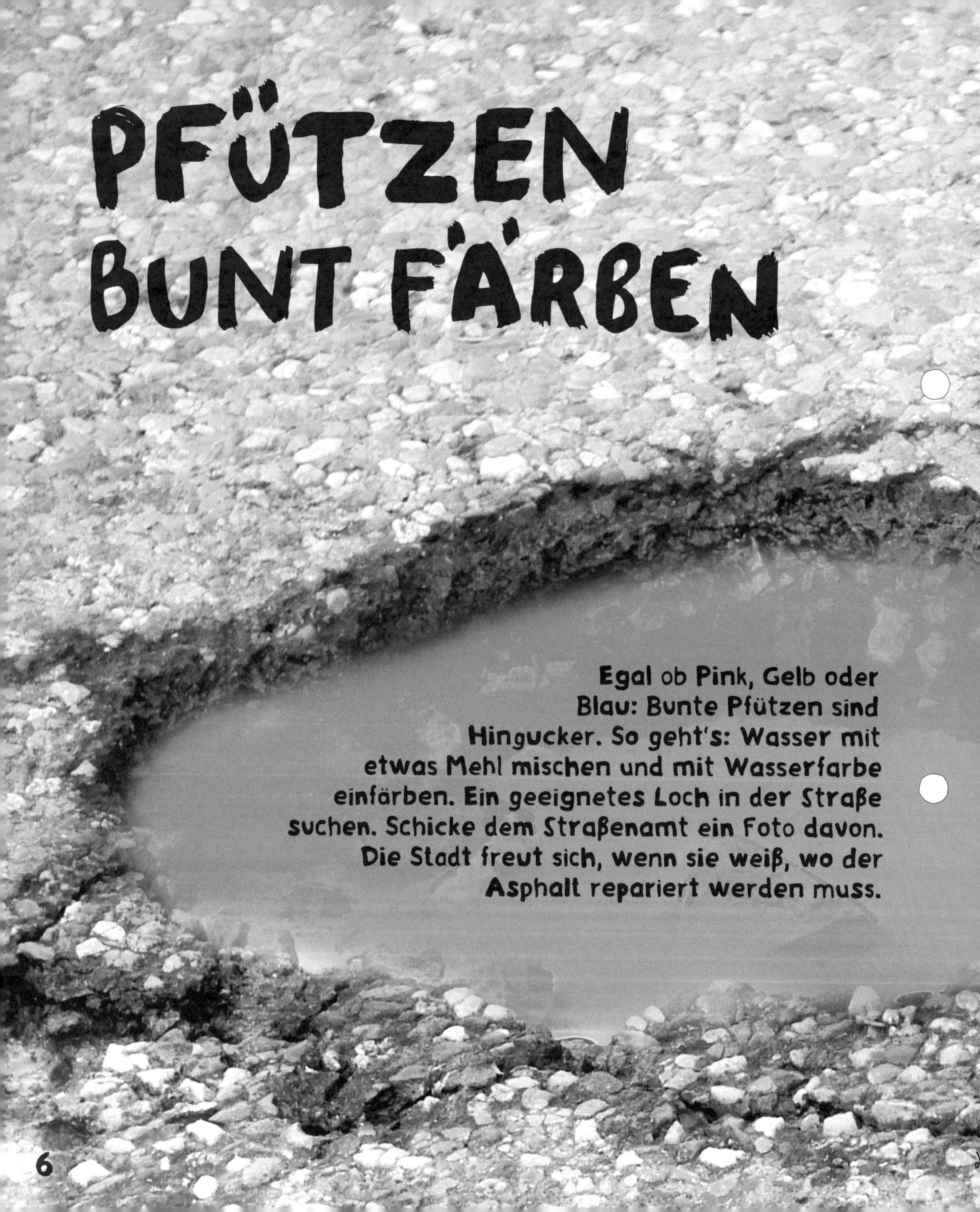

PFÜTZEN BUNT FÄRBEN

Egal ob **Pink, Gelb oder Blau: Bunte Pfützen sind Hingucker. So geht's: Wasser mit etwas Mehl mischen und mit Wasserfarbe einfärben. Ein geeignetes Loch in der Straße suchen. Schicke dem Straßenamt ein Foto davon. Die Stadt freut sich, wenn sie weiß, wo der Asphalt repariert werden muss.**

WIE ENTSTEHEN SCHLAGLÖCHER?

Bei altem, sprödem Asphalt sickert Wasser in die Schotterschicht unterhalb der Fahrbahndecke. Im Winter gefriert das Wasser zu Eis, das sich ausdehnt und den Asphalt nach oben hebt. Schmilzt das Eis, bricht der ausgedehnte Asphalt unter dem Gewicht der Autos ein und zerbröselt.

STADT EINRICHTEN

DRAUSSEN LEBEN

Die Straßen und Plätze einer Stadt sind ein bisschen so eingerichtet wie eine große Wohnung: Es gibt Bänke, Tische, Treppen, Toiletten, Lampen, Blumenkästen, Mülleimer. Man findet sogar Schränke, nämlich Strom- und Schaltkästen (die sind allerdings abgeschlossen). Weitere Stadtmöbel sind beispielsweise Geländer, Rampen, Straßenschilder, Fahrradständer und Parkuhren. Wie diese Dinge aussehen und wo sie stehen, wird von den Mitarbeitern der Stadtverwaltung bestimmt. Und es ist wie zu Hause: Manche Stadträume sind schon ganz gut eingerichtet, andere müssten renoviert werden. An wieder anderen fehlen dringend eine Lampe, ein Mülleimer oder ein Sitzplatz.

AUFMERKSAM SEIN

Lass es deine Stadt wissen, wenn dir auffällt, dass Stadtmöbel fehlen oder kaputt sind. Schreib ein Schild und klebe es an die Stelle. Schick ein Foto davon mit einer freundlichen Nachricht an den Bürgermeister.

Ist dir schon aufgefallen, dass viele Menschen auf Dingen sitzen? Zum Beispiel auf Treppenstufen, Pollern oder Ranzen, selbst wenn es freie Sitzbänke in der Nähe gibt. Das hat viele Gründe, einer davon betrifft die Gestaltung. Bänke sind oft nicht so gemacht, dass sich Menschen tatsächlich wohl darauf fühlen.

Wie müsste eine Bank aussehen, dass du sie gern benutzen würdest? Mach eine Skizze!

FASSADEN BEMALEN

(Male die Häuser so an, wie du sie gern in der Stadt sehen würdest.)

ASPHALT ANSTREICHEN

FLÜSSIGE STRASSENFARBE MIXEN

3 Esslöffel Speisestärke mit etwas Wasser zu einer dickflüssigen Paste verrühren. Dann die gleiche Menge abwaschbare Gouache-Farbe dazugeben. Umrühren, fertig! Löst sich bei Regen ohne Rückstände auf. Tipp: Zum Malen den Pinselgriff mit Stock und Klebeband verlängern.

GESICHTER IN DER STADT FINDEN

Kennst du das schöne Wort Pareidolie? Es beschreibt die Eigenart, in Dingen Gesichter und andere Wesen sehen zu können. In der Stadt kannst du fast überall welche finden. Sie verstecken sich zum Beispiel in Häusern, wenn Fenster wie Augen aussehen und Türen wie Münder. Besonders viele Gesichter findest du übrigens auf der Straße in Gullydeckeln und anderen Dingen aus Metall. Schau dich um: Wie viele Gesichter entdeckst du in deiner Straße? Trage die Zahl hier ein:

....

COOLE TYPEN KLEBEN

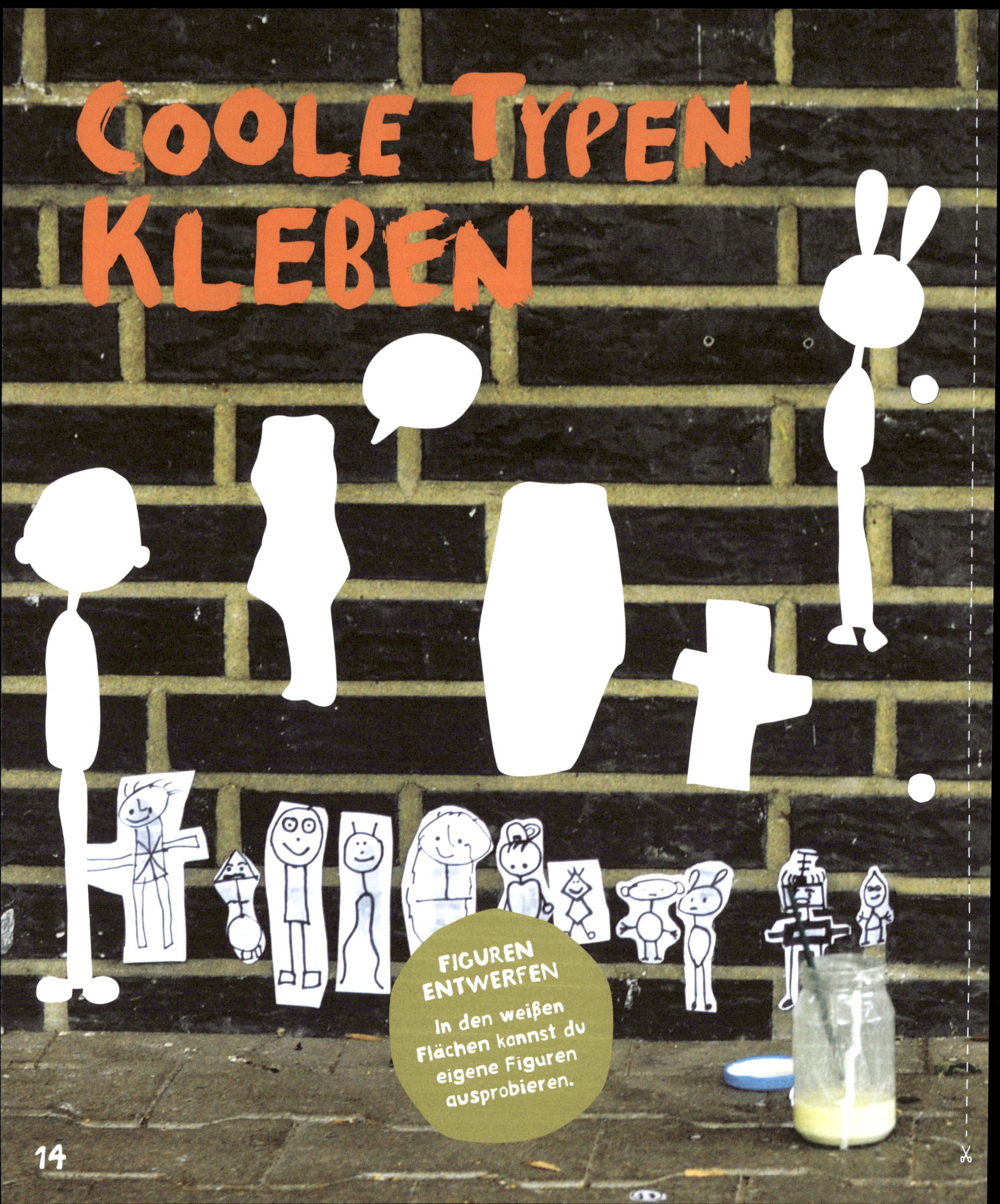

FIGUREN ENTWERFEN

In den weißen Flächen kannst du eigene Figuren ausprobieren.

MEHLKLEBER ANRÜHREN

1 Tasse Mehl in 1 Glas mit Schraubverschluss kippen. Löffelweise Wasser unterrühren, bis ein glatter Brei entsteht. Fertig ist der Papierkleber – ungiftig und mit Wasser wieder ablösbar. Figuren, Sprechblasen, Augen oder Wörter auf Papier malen. Ausschneiden, einen Platz suchen, aufkleben. Freude machen!

MÜLL ENTSORGEN

AUGEN ÖFFNEN

Hast du Lust, den anderen Mülltüten auch Augen zu malen? Tipp: Noch mehr Augen auf Papier malen, ausschneiden und mit Mehlkleber von Seite 15 draußen auf echte Müllsäcke kleben.

SCHNELL MAL AUFRÄUMEN

Wenn du Müll auf der Straße liegen siehst, wirf ihn in die Tonne. Die Mühe lohnt sich! Je sauberer eine Stadt ist, desto besser gehen ihre Bewohner mit ihr um!

Jeder Stadtbewohner auf der Welt produziert pro Tag etwa 1,6 Kilogramm Müll. Das sind in einer Woche mehr als 10 Kilogramm und im Jahr knapp 600 Kilogramm. Das ist eine ganze Menge und ein guter Grund, sich Gedanken darüber zu machen, wie es weniger werden kann.

Welche Ideen hast du, wie sich Müll vermeiden lässt? Oder wie sich entstandener Müll anders wiederverwenden lässt?

WAS GIBT'S DAVON IN DEINER STADT?

(Kreuze mit zwei verschiedenen Farben an:
Schwarz = Das gibt es bei uns.
Rot = Das gibt es bei uns und ich habe es schon gesehen.
Frei lassen = Das gibt es bei uns nicht.)

- [ ] 1-Euro-Laden
- [ ] Apotheke
- [ ] Außenaufzug
- [ ] Aussichtspunkt
- [ ] Bäckerei
- [ ] Bahnhof
- [ ] Bank
- [ ] Basketballplatz
- [ ] Baumallee
- [ ] Bestattungs-unternehmen
- [ ] Blumenladen
- [ ] Bolzplatz
- [ ] Botanischer Garten
- [ ] Briefkasten
- [ ] Brücke
- [ ] Brunnen
- [ ] Bücherei
- [ ] Buchladen
- [ ] Bus
- [ ] Bushaltestelle
- [ ] Café
- [ ] Denkmal
- [ ] Dönerbude
- [ ] Einbahnstraße
- [ ] Einkaufszentrum
- [ ] Eisporthalle
- [ ] Fahrkarten-automat
- [ ] Fahrradgeschäft
- [ ] Fahrradständer
- [ ] Fahrschule
- [ ] Fernsehturm
- [ ] Flughafen
- [ ] Fluss
- [ ] Freibad
- [ ] Freizeitpark
- [ ] Friedhof
- [ ] Fußballstadion
- [ ] Fußgängerzone
- [ ] Gefängnis
- [ ] Gully
- [ ] Hafen
- [ ] Hallenbad
- [ ] Handyladen
- [ ] Hochhaus
- [ ] Hotel
- [ ] Hydrant
- [ ] Jugendherberge
- [ ] Jugendzentrum
- [ ] Kaserne

- [ ] Kindergarten
- [ ] Kino
- [ ] Kiosk
- [ ] Kirche
- [ ] Kläranlage
- [ ] Kletterwand
- [ ] Kneipe
- [ ] Krankenhaus
- [ ] Kreisverkehr
- [ ] Lagerhalle
- [ ] Messehalle
- [ ] Möbelgeschäft
- [ ] Moschee
- [ ] Mülleimer
- [ ] Müllverbrennungsanlage
- [ ] Museum
- [ ] Notrufsäule
- [ ] Obdachlosenheim
- [ ] öffentliche Toiletten
- [ ] Opernhaus
- [ ] Optiker
- [ ] Park
- [ ] Parkbank
- [ ] Parkhaus
- [ ] Parkuhr
- [ ] Pizzeria
- [ ] Planetarium
- [ ] Polizei
- [ ] Poller
- [ ] Pommesbude
- [ ] Postamt
- [ ] Rathaus
- [ ] Restaurant
- [ ] Schloss
- [ ] Schranke
- [ ] Schreibwarenladen
- [ ] Schuhgeschäft
- [ ] Schule
- [ ] Schwimmbad
- [ ] See
- [ ] Seilbahn
- [ ] Skatepark
- [ ] Spielothek
- [ ] Spielwarenladen
- [ ] Sporthalle
- [ ] Stadttor
- [ ] Sternwarte
- [ ] Straßenbahn
- [ ] Stromkasten
- [ ] Supermarkt
- [ ] Synagoge
- [ ] Tankstelle
- [ ] Taxistand
- [ ] Telefonzelle
- [ ] Tempo-30-Zone
- [ ] Theater
- [ ] Tierheim
- [ ] Trinkbrunnen
- [ ] Tunnel
- [ ] U-Bahn
- [ ] Umgehungsstraße
- [ ] Universität
- [ ] Unterführung
- [ ] Verkehrsinsel
- [ ] Waschsalon
- [ ] Werkstoffhof
- [ ] Wetterstation
- [ ] Zoo
- [ ] Zug

(Fehlt was? Bitte ergänzen!)

- [ ] ____________________
- [ ] ____________________
- [ ] ____________________
- [ ] ____________________
- [ ] ____________________

KAUGUMMI WEGWERFEN

KORB TREFFEN

Kaugummireste befinden sich vor allem auf den Böden von Haltestellen und direkt vor Abfallbehältern. Vermutlich fehlt die Motivation, den letzten Meter auch noch zu schaffen. Dagegen kann ein Spiel helfen: Male unterhalb eines Mülleimers mit der flüssigen Straßenfarbe von Seite 12 die Markierungen auf, die zu einem Basketballkorb gehören. Wetten, dass künftig mehr Kaugummis im Eimer landen?

KAUGUMMI UMKRINGELN

Kaugummireste auf der Straße entfernen zu lassen, ist teuer: Die Gemeinden müssen alle zusammen etwa 900 Millionen Euro pro Jahr dafür ausgeben. Viele Städte geben den Kampf gegen die Kaugummireste auf, weil sie ihn sich nicht leisten können. Die Entfernung eines einzigen Kaugummis kostet einen Euro und zwei Minuten Arbeitszeit. Zeig anderen, wie man es richtig macht: Kaugummi in Papier einwickeln und in den Mülleimer werfen. Auch super: ein Stück Kreide einpacken und die Kaugummireste auf den Gehwegen damit umkringeln. Sieht toll aus und bewegt hoffentlich etwas in den Köpfen der Passanten.

TIERE VERSORGEN

(Für die Tiere in der Stadt fühlt sich oft niemand verantwortlich. Vielleicht willst du einigen helfen?)

INSEKTENHOTEL BAUEN

Fingerdicke Bambusstangen mit einer feinen Eisensäge ungefähr auf Dosenlänge einkürzen. Ganz sauber sägen, damit beim faserigen Bambus keine Fransen an der Schnittkante entstehen. Sonst gehen die Insekten nicht rein. Mit einem Holzbohrer auf einer Seite den Hohlraum in der Stange nachbohren und säubern. Die Bambusabschnitte in eine leere Dose stellen – möglichst eng, damit nichts wackelt. Waagerecht an einem sonnigen Standort mit Regenschutz befestigen.

WELCHE TIERE GIBT ES IN DEINER STADT?

- [ ] Bienen
- [ ] Füchse
- [ ] Hummeln
- [ ] Kaninchen
- [ ] Karpfen
- [ ] Mäuse
- [ ] Mücken

Papageien	☐
Ratten	☐
Rehe	☐
Schwalben	☐
Spatzen	☐
Spinnen	☐
Tauben	☐
Wildschweine	☐

VOGELFUTTER AUFHÄNGEN

Deckel einer PET-Flasche durchbohren und ein Band hindurchdrücken. Das eine Ende unter dem Deckel mehrfach verknoten, am anderen aufhängen. Mit einem Messer an zwei gegenüberliegenden Stellen vorsichtig ein Loch unten in die Flasche stechen. Dann einen Holzlöffel zum Sitzen hindurchschieben. Für die Futteröffnung mit einem spitzen Küchenmesser an beiden Seiten über der Sitzstange eine 1 x 2 cm große Klappe sägen. Achtung: Nur die Seiten und unten einschneiden, dann die Klappe nach innen hochbiegen, damit die Körner nicht von alleine rausfallen.

STADT SPÜREN

(Wo spricht die Stadt deine Sinne an, um dich und alle anderen im Verkehr sicher zu machen?)

Spürst du, wo der Bürgersteig aufhört?

Wo verschwindet der Höhenunterschied zwischen Bordsteinkante und Straße?

Kannst du hören, ob die Ampel rot oder grün ist?

Welche Markierungen auf der Straße zeigen dir den Weg?

AUGEN SCHLIESSEN

Lass dich 5 Minuten lang mit geschlossenen Augen durch die Stadt führen! Achte dabei auf Signale, die dir bei der Orientierung helfen.

Im Gesetz steht, dass unsere Städte zunehmend barrierefrei werden sollen. Barrierefrei heißt, dass man auch mit Seh- und Hörproblemen, Rollstuhl oder Kinderwagen das Ziel sicher erreichen kann. Dabei helfen zum Beispiel sprechende Geldautomaten, vibrierende Ampelkästen, selbst leuchtende Schilder und Rampen.

Und was hilft dir? ....

BRACHFLÄCHE* PLANEN

(Gestalte den Platz so, dass du dich gern dort aufhalten würdest.)

*Eine Brache ist ein unbestelltes Grundstück. Jedes Grundstück, das sich einmal in menschlicher Nutzung befand, aber wieder aufgegeben wurde und wo der Mensch möglicherweise Spuren hinterlassen hat, kann als brachliegend bezeichnet werden. Schön ist es auch, wenn eine Brachfläche auch brach bleiben darf. Dann kann man sie wie einen wilden Park nutzen.

MAL ÜBERLEGEN

Was könnte hier entstehen? Ein Wohnhaus? Eine Schule? Ein Kiosk? Eine Rampe für Skater? Ein Spielplatz? Male, was du dir vorstellst.

DRAUSSEN LEBEN

Wenn du etwas für Obdachlose tun möchtest, dann denke nicht schlecht über sie, sondern begegne ihnen freundlich und mit Respekt.

AUF DER STRASSE WOHNEN

In Deutschland muss niemand verhungern, weil es für Menschen auf der Straße zahlreiche Angebote mit Gratis-Suppe und günstigem Essen gibt. Im Winter werden zudem Schlafplätze in Kirchen, Bahnhöfen und großen Sälen angeboten. Das ist die gute Nachricht. Doch viele Obdachlose können nicht mit anderen Menschen zusammen in einem Raum sein und Einzelzimmer gibt es eben nicht. Also bleiben sie oft lieber draußen in ihrem Versteck: auf einem Lüftungsschacht eines Supermarkts oder unter einer Brücke.

UNTERSCHLUPF BAUEN

Stöcke im Unterholz, die im Park oder zu Hause im Garten liegen, kannst du an mehreren Stellen kreuz und quer aufschichten. Haufen aus totem Holz, Reisig und Laub werden nämlich das ganze Jahr über von vielen Tieren genutzt. Spinnen und Eichhörnchen brauchen es zum Beispiel als Unterschlupf, Igel als Winterquartier.

SOMMER-SPROSSEN MALEN

(Und falls dir normale Straßenkreide zu blass ist: Mix dir knallbunte!)

STRASSENKREIDE SELBERMACHEN

2 Tassen Wasser mit 1 Tasse Gipspulver und 1/2 bis 1 Tasse Gouache-Farbe vermischen, kräftig umrühren, mit einem großen Löffel in saubere, leere Joghurtbecher füllen. Die Kreide einige Tage lang trocknen lassen.

SCHABLONEN BASTELN

Drei Punkte machen noch kein Kunstwerk, aber ganz viele schon. Damit die Punkte schön gleichmäßig werden, kannst du mit Schablonen arbeiten: alte Milchkartons ausspülen, auseinanderschneiden und Kreise aufmalen. (Tipp: Nimm Gläser als Schablonen!) Kreise ausschneiden und draußen loslegen.

SPRÜHFARBE FÜR GRAFFITI MISCHEN

2 Esslöffel Speisestärke mit 120 ml Wasser und einigen Tropfen Lebensmittelfarbe verrühren. Flüssigkeit in Sprühflaschen füllen. Wassermalfarbe funktioniert auch super. Die Farbe deckt gut und wird nach dem Trocknen sogar noch kräftiger. Aber mit dem nächsten Regenguss verschwindet sie wieder. Vor dem Benutzen immer schütteln.

GEWOHNTE DINGE ZEICHNEN

(Was verbindet dich mit deiner Stadt?)

Wonach riecht es in deiner Straße?

Für welches Gericht ist deine Stadt bekannt?

Welches Gebäude in deiner Stadt sieht unverwechselbar aus?

Welche Dinge in der Stadt fasst du unterwegs gern an?

BLUMEN PFLANZEN

(So wirst du Pate für eine Baumscheibe*.)

Pflanzen dürfen nicht höher als 50 Zentimeter werden, um die Sicht nicht zu behindern.

Keine Kletterpflanzen pflanzen.

Keinen chemischen Dünger verwenden, weil er den Baumwurzeln schaden kann.

2-mal pro Woche mit 2 Eimern Wasser gießen.

Vor dem Bepflanzen den Boden mit einer Harke lockern.

Nicht mit Gegenständen wie Steinen dekorieren, damit sie niemand zum Werfen benutzen kann.

*Das Stückchen Erde um den Baumstamm heißt Baumscheibe.

KRESSE SÄEN

ERNTEN

Kapuzinerkresse blüht rot, orange oder gelb. Blüten, Blätter und Früchte sind essbar und schmecken leicht säuerlich. Supergesund!

KRESSE IN DER DOSE ZIEHEN

Bohre mehrere Löcher in eine leere Dose, damit das Gießwasser ablaufen kann. Fülle Gartenerde hinein. Fünf Samen Kapuzinerkresse 1 cm tief in die Erde stecken und ab Mitte März auf der Fensterbank kleine Pflänzchen vorziehen. Später an einen sonnigen bis halbschattigen Platz kleben. Boden feucht halten.

STADTFÜHRER WERDEN

(Welche Orte in deiner Stadt kannst du empfehlen?)

Welche Straße hat die besten Läden?

Kannst du ein Museum empfehlen?

Welches besondere Gebäude darf man nicht verpassen?

Welcher Park ist besonders schön?

Wo schwimmst du am liebsten?

Wo trifft man sich mit Freunden?

Wo ist der beste Spielplatz?

APP NUTZEN

Wenn du die App #stadtsache geladen hast und die Aufgaben von B wie „Besonderheiten" bis U wie „Unterwegs" machst, erscheinen auf deinem Stadtplan in der App immer mehr Markierungen, so wie hier. Du kannst sie dann jederzeit anklicken und dir anschauen, was du an diesem Ort gefunden hast.

- Besonderheiten
- Kunst
- Lieblingsplätze
- Pflanzen und Tiere
- Sammeln
- Spielen
- Stadtgespräche
- Unorte
- Unterwegs

DEM BÜRGERMEIS

Was ist besonders toll an deiner Stadt?

MACHE NOTIZEN

Fotografiere deine Notizen und schicke sie an die Kinderbeauftragten deiner Stadt oder an die Mitarbeiter der Stadtverwaltung. Übrigens freuen sich auch alle über ein Lob!

TER SCHREIBEN

Was sollte besser werden in deiner Stadt? Und wie?

RECHT HABEN

Die UN-Kinderrechtskonvention beinhaltet nicht nur das Recht für Kinder auf Meinungsfreiheit, sondern auch auf Mitsprache bei der Stadtentwicklung. Wenn du also gute Ideen hast, wie die Stadt besser an die Bedürfnisse von Kindern und Jugendlichen angepasst werden kann, schreib einen Brief oder eine Mail an den Bürgermeister. Wichtig dabei: Schreib zuerst etwas, was dir an der Stadt besonders gut gefällt. So kannst du sicher sein, dass man sich für deine Kritik interessiert.

SPIELEN UND TOBEN DÜRFEN

Alle sollen sich an die gesetzlich vorgeschriebenen Ruhezeiten halten – auch Kinder. Das heißt: Von 13 bis 15 Uhr und von 22 bis 7 Uhr wird erwartet, dass du leise bist. Du kannst während dieser Zeit auf dem Spielplatz oder überhaupt draußen spielen, solange du keinen Krach dabei machst. Falls die Hausordnung jegliches Spiel während der Ruhezeiten verbietet, ist es besser, einen anderen Ort zum Spielen zu suchen.

Beim Nachbarn klingeln

(Du möchtest toben? Und die Nachbarn wollen ihre Ruhe haben? Da hilft nur eines: miteinander sprechen.)

Lass mal reden

Es gibt gute Neuigkeiten: Seit einiger Zeit hat das Spielbedürfnis von Kindern gesetzlich Vorrang vor dem Ruhebedürfnis der Nachbarn. Der Wunsch der Kinder, ungestört zu toben, schreien oder lachen zu dürfen, steht also über dem Wunsch mancher Nachbarn, möglichst wenig von der Anwesenheit von Kindern mitzubekommen. Der beste Weg zu einer harmonischen Nachbarschaft ist aber immer noch, dass die Betroffenen miteinander sprechen und einen Kompromiss aushandeln, bei dem sich alle gut fühlen.

Spielraum erobern

Egal, ob du dir eine Skater-Rampe oder einen Radweg wünschst: Hier ein paar strategische Tipps, die dir helfen, dein Ziel zu erreichen.

→ Zerlege dein Ziel in sehr kleine Schritte.

→ Suche nach Verbündeten.

→ Bildet Teams und verteilt die Aufgaben. Fangt mit dem ersten Schritt an.

→ Verhalte dich in Gesprächen mit Erwachsenen selbst so erwachsen wie möglich. Das sichert dir Aufmerksamkeit und Respekt.

→ Seid kreativ, wenn ihr Geld braucht. Bittet Unternehmen aus dem Ort um Spenden. Veranstaltet einen Garagenflohmarkt oder einen Kuchenbasar.

→ Sorgt für Aufmerksamkeit: Sprecht mit der lokalen Presse. Hängt Plakate auf, verteilt Flyer mit Infos.

→ Erkundigt euch, ob es in der Stadt Kinderbeauftragte gibt. Falls nicht, fragt nach den richtigen Ansprechpartnern in der Stadtverwaltung. Besorgt euch einen Termin.

→ Bleibt am Ball und gebt nicht auf!

Hier könnte ein/e

....

stehen.

Hier sollte ein/e

....

gebaut werden.

Hier wird dringend ein/e

....

gebraucht.

BOTSCHAFTEN HINTERLASSEN

Überall findet man in der Stadt Notizen, auf denen Bürger andere Bürger erreichen wollen. Mach mit! Zum Beispiel mit einer Umfrage: Wer wünscht sich außer dir noch einen Skater-Park? Einen überdachten Treffpunkt für Jugendliche? Ärgert sich über Hundehaufen im Park? Oder du schreibst kleine Nachrichten auf Sprechblasen, die du mit dem Mehlkleber von Seite 15 aufklebst.

FASSADEN ZÄHLEN

(Wie viele der unterschiedlichen Hausfassaden-Typen entdeckst du innerhalb von 20 Minuten in deiner Stadt?)

WIE REICH IST DEIN VIERTEL?

Hausfassaden sind wie Buchseiten: Man kann sie lesen. Neben kleinen, einfachen Häusern von früher können neue, teure Bürohäuser entstehen. Oder zwischen den reich verzierten Fassaden der Vorkriegszeit stehen schmucklose Häuser aus den 50er-Jahren. Die Fassaden sind daher so etwas wie ein Blick auf den Kontostand des Viertels: Wie arm oder reich ist es heute? Wie arm oder reich war es früher?

MITREDEN KÖNNEN

Eine Fassade ist so viel mehr als einfach nur die Außenwand. Dazu gehört nämlich immer die Art der Gestaltung (Wie sieht sie aus?), die Funktion (Was soll sie können?), das Material (Woraus ist sie gemacht?) und die Art der Konstruktion (Wie ist sie gebaut?). Hast du eine Lieblingsfassade in der Stadt? Und gibt es eine, die dir gar nicht gefällt?

T-SHIRTS BEDRUCKEN

REGEN- ODER ABWASSER?

Kennst du den Unterschied zwischen Gullydeckeln und Kanaldeckeln? Gullydeckel befinden sich nahe am Bordstein und sind in der Regel rechteckig. Durch sie wird das Regenwasser abgeführt. Kanaldeckel (siehe Bilder rechts) decken Wartungsschächte ab, meist von Abwasserkanälen.

1. Kanal- oder Gullydeckel trocken und total sauber bürsten. Etwas wasserlösliche Wandfarbe in die Mitte einer Plastiktüte geben. Eine Tütenhälfte auf die andere drücken und so die Farbe gleichmäßig verteilen.

2. Mit einer Schaumstoffrolle Farbe auftragen. Dabei darauf achten, dass die erhabenen Stellen gut bedeckt sind, aber möglichst wenig daneben läuft.

3. Gebügeltes T-Shirt am besten zu zweit leicht gespannt positionieren und sanft die Hände auf die Erhebungen drücken, damit der Stempelabdruck vollständig ist. T-Shirt vorsichtig wieder abziehen und trocknen lassen.

4. Zum Schluss die restliche Farbe mit Bürste und Wasser vollkommen entfernen. Der Gullydeckel muss wieder blitzblank werden!

GRAFFITI MALEN

(Diese Wand gehört dir! Schnapp dir ein paar Stifte und leg los!)

WO SIND GRAFFITI ERLAUBT?

Auf privaten Flächen mit dem Einverständnis des Eigentümers. Im öffentlichen Raum gelten Graffiti als Sachbeschädigung, weil sie das Erscheinungsbild einer Stadt dauerhaft verändern. Als Graffiti gelten Kritzeleien mit Marker, Kuli oder Kreide, Kerben in Holz oder Plastik, permanente Sprühfarbe und sogar Häkelobjekte.

WARUM IST TAGGEN SO BELIEBT?

Ein Tag (das ist Englisch und spricht man „Täg" aus) ist eine Art Unterschrift, die man ganz allein für sich gestaltet hat. Mit ihr will man Spuren hinterlassen, die vor allem eines ausdrücken sollen: „Es gibt mich!" Und: „Ich war hier!"

RASEN MEHLEN

BOTSCHAFTEN SCHREIBEN

Abwaschbares Graffiti gibt es auch für die gemähte Wiese. Dazu reibst du Mehl durch ein Sieb. Toll zum Beispiel für einen Geburtstag im Sommer!

STRASSE BESPIELEN

TIC-TAC-TOE-SPIEL BAUEN

Das Spiel kennst du bestimmt: Auf einem quadratischen, 3 x 3 Felder großen Spielfeld setzen zwei Spieler abwechselnd ihr Zeichen (ein Spieler Kreuze, der andere Kreise) in ein freies Feld. Der Spieler, der als Erster drei Zeichen in einer Linie legt, gewinnt. Mit Malerkrepp, um das Spielfeld zu kleben, und 6 Steinen (3 davon mit einem Kreuz markiert) kannst du sofort losspielen.

LIEBE VERSCHENKEN

Geschenke sind toll. Umso mehr, wenn man unverhofft eines findet. Warum also nicht Geschenke zum Mitnehmen in der Stadt aufhängen? Alles was du brauchst sind Papier, Schere, ein paar Stifte und etwas Fantasie bei der Antwort auf die Frage: Was möchtest du verschenken? Tipp: Reiß schon einen Zettel ab, dann trauen sich auch andere!

FARBE VERTEILEN

SAMENKUGELN ROLLEN

500 ml Tonpulver und 300 ml Erde mit so viel Wasser vermengen, dass eine formbare Pampe entsteht. Dann reichlich Saatgut "Blumenwiese" oder übrig gebliebenes Vogelfutter gleichmäßig untermengen. Mit den Händen Kugeln formen und im Backofen bei 50 Grad trocknen lassen. Wichtig: Bleistift in die Ofenklappe klemmen, damit der Wasserdampf abziehen kann. Idealer Zeitpunkt zum Verteilen: Anfang Mai. Perfekter Ort: Ritzen oder karge Stellen, auf denen noch kein Grün wächst.

STRASSENBELÄGE SAMMELN

(Wie viele verschiedene Straßenbeläge und Untergründe findest du?)

MUSTER ABREIBEN

Dafür brauchst du Wachsmaler und weißes Papier. Lege das Papier auf eine interessante Oberfläche und reibe dann druckvoll mit dem Wachsmaler darüber. Das geht besonders gut, wenn du die breite Seite nimmst.

„Frotter“ ist Französisch und bedeutet: reiben. Die Frottage ist eine alte Kunsttechnik.

Suche in der Stadt nach allen Buchstaben deines Namens, die sich zum Abreiben eignen. Schneide sie nach dem Abreiben aus und klebe sie hier auf:

ZU FUSS GEHEN

Stadtplaner machen sich viele Gedanken, wenn es darum geht, neue Wege anzulegen. Trotzdem treffen sie nicht immer das Bedürfnis der Stadtbewohner. Denn die mögen zwei Dinge nicht: Umwege und schnurgerade Strecken. Der Steinzeitmensch in uns läuft immer noch gern wie damals: hier einen Bogen um einen Busch, dort um einen dicken Stein herum. Selbst wenn Busch und Stein gar nicht vorhanden sind, mögen wir Wege mit kleinen Schlenkern oder sanften Bögen immer noch am liebsten.

ABKÜRZUNGEN NEHMEN

Fußgänger weichen erst dann von vorgegebenen Wegen ab und treten sich bequemere Trampelpfade, wenn sie dadurch mindestens ein Viertel des Weges abkürzen können. Dieses Maß gilt allerdings auch schon bei Strecken, die nur zehn Meter lang sind. Welchen Trampelpfad benutzt du regelmäßig?

Automaten verstehen

(Kennst du dich mit den Ticket-Automaten in deiner Stadt aus? Und wie funktionieren sie woanders?)

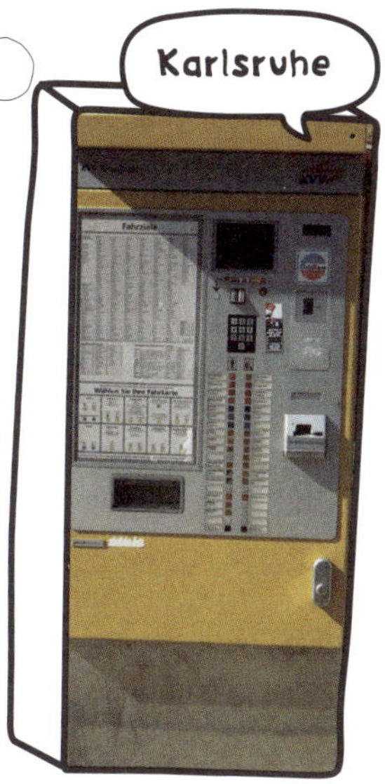

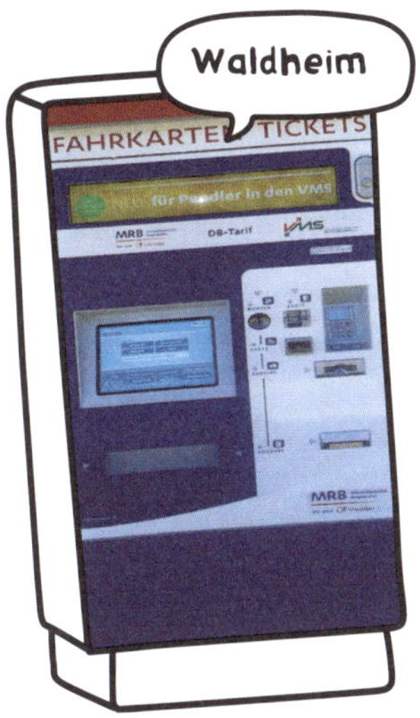

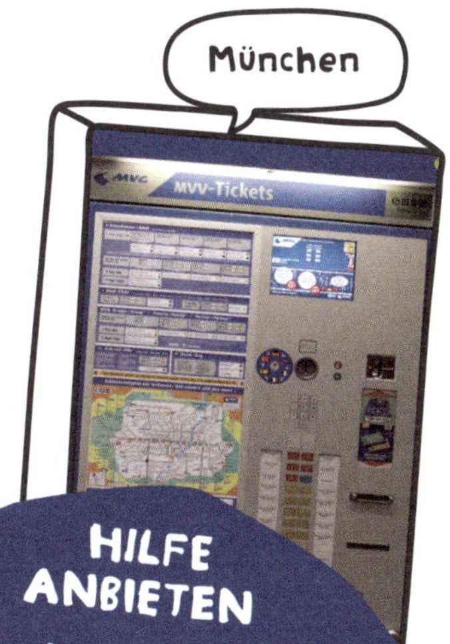

Hilfe anbieten

Wenn du die Leute vor einem Fahrkartenautomaten beobachtest, wirst du viele sehen, die sich nicht auskennen. Kinder und Jugendliche schaffen es oft schneller durch den Klick-Dschungel. Wenn du dazugehörst, sei so nett und biete anderen deine Hilfe an.

Mit einer unbekannten Bus- oder Bahnlinie bis zur Endhaltestelle fahren.

....

(Datum, Linie, Endhaltestelle)

Zum höchsten Punkt der Stadt gehen.

....

(Datum, Ort)

NEUE DINGE AUSPROBIEREN

Von der Haustüre aus genau 1.000 Schritte in eine Richtung gehen. Wo landest du?

....

....

(Datum, Richtung, Landepunkt)

TOURIST SEIN

Kennst du das? Kaum hat man Besuch, sieht man die vertraute Stadt mit neuen Augen, weil man Orte besucht, die man sonst nicht wahrnimmt. Hier geht es darum, die eigene Stadt wie ein Tourist zu erobern. Nimm dir jede Woche eine Aufgabe vor und schreib auf, was du wo entdeckt hast.

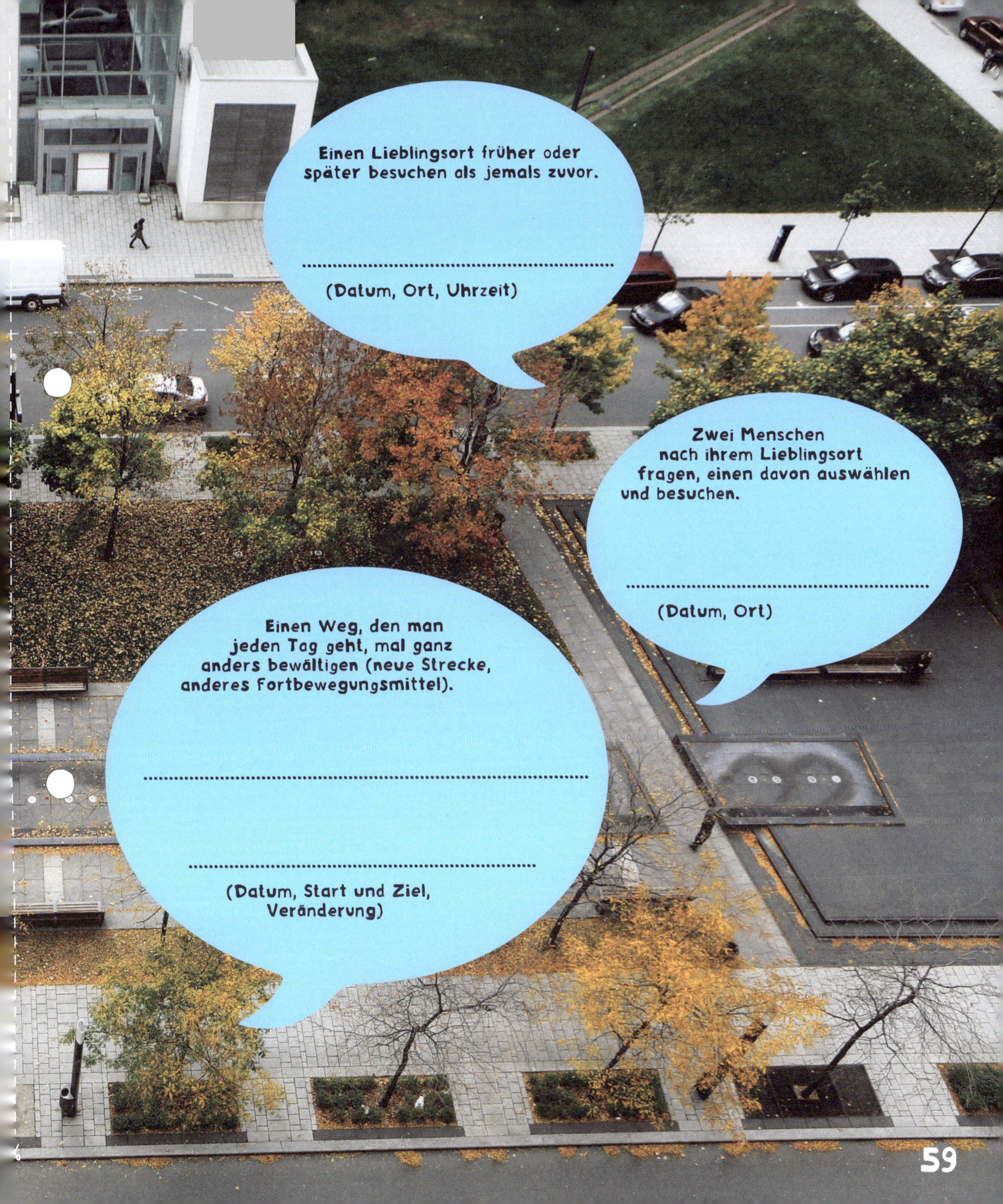

Einen Lieblingsort früher oder später besuchen als jemals zuvor.

....

(Datum, Ort, Uhrzeit)

Zwei Menschen nach ihrem Lieblingsort fragen, einen davon auswählen und besuchen.

....

(Datum, Ort)

Einen Weg, den man jeden Tag geht, mal ganz anders bewältigen (neue Strecke, anderes Fortbewegungsmittel).

....

....

(Datum, Start und Ziel, Veränderung)

WIE GEHT ES DIR IN DEINER STADT?

Tipp: Den Fragebogen können auch deine Freunde online ausfüllen! Je mehr Teilnehmer, desto interessanter wird das Ergebnis!

(Kinder und Jugendliche haben oft keine Stimme in der Stadt. Deshalb würden wir gern wissen, wie du dich in deiner Stadt fühlst. Vergib 0 bis 10 Punkte pro Frage (10 = viel/sehr/total/immer).)

Ein paar Stichpunkte zu dir:

Alter ______ **Geschlecht** ______________

Stadt ______________________

Bundesland ______________________

Fühlst du dich wohl in deiner Stadt?

0 1 2 3 4 5 6 7 8 9 10

Sind Straßen und Spielplätze sauber?

0 1 2 3 4 5 6 7 8 9 10

Eignen sich die Spielplätze auch als Treffpunkte für Jugendliche?

0 1 2 3 4 5 6 7 8 9 10

Verbringst du viel Zeit mit Freunden draußen?

0 1 2 3 4 5 6 7 8 9 10

Gibt es interessante Angebote für Kinder und Jugendliche in deiner Stadt?

0 1 2 3 4 5 6 7 8 9 10

Ist deine Stadt auch gut für Menschen, die nur wenig Geld haben?

0 1 2 3 4 5 6 7 8 9 10

Brauchst du Geld, um in der Stadt Spaß zu haben?

0 1 2 3 4 5 6 7 8 9 10

Fährst du alleine mit Bus und Bahn?

0 1 2 3 4 5 6 7 8 9 10

Fährst du gerne mit Bus und Bahn?

0 1 2 3 4 5 6 7 8 9 10

Fährst du oft mit dem Rad?

0 1 2 3 4 5 6 7 8 9 10

Bist du in deiner Stadt gerne zu Fuß unterwegs?

0 1 2 3 4 5 6 7 8 9 10

Gibt es in deiner Stadt gute Fuß- und Radwege?

0 1 2 3 4 5 6 7 8 9 10

Kommst du überall mit dem öffentlichen Nahverkehr hin?

0 1 2 3 4 5 6 7 8 9 10

Auch am Wochenende, an Feiertagen oder abends?

0 1 2 3 4 5 6 7 8 9 10

Gibt es viele Orte, die du gern erreichen würdest, aber schlecht erreichen kannst?

0 1 2 3 4 5 6 7 8 9 10

Kommst du ohne erwachsene Begleitung zu deiner Schule? ja ☐ nein ☐

Kannst du alleine zu deinen Freunden gehen oder fahren? ja ☐ nein ☐

Darfst du in der Stadt all das alleine unternehmen, was du dir schon zutraust?

0 1 2 3 4 5 6 7 8 9 10

Bist du auch alleine unterwegs, wenn es draußen schon dunkel ist?

0 1 2 3 4 5 6 7 8 9 10

Fühlst du dich sicher in deiner Stadt?

0 1 2 3 4 5 6 7 8 9 10

Auf der Seite www.stadtsache.de kannst du ein Foto vom ausgefüllten Fragebogen hochladen oder die Fragen dort direkt beantworten. Wenn du mitmachst, hilfst du uns damit sehr. Wir wünschen uns möglichst viele Antworten, um mit den Ergebnissen ein Wohlfühlbarometer zu erstellen. Es soll anzeigen, wie gut sich Kinder und Jugendliche in unseren Städten fühlen.

Gibt es Orte, die du ständig meidest?

0 1 2 3 4 5 6 7 8 9 10

Findest du die Straße, in der du wohnst, gefährlich?

0 1 2 3 4 5 6 7 8 9 10

Wie gut gefällt dir die Stimmung in deiner Nachbarschaft?

0 1 2 3 4 5 6 7 8 9 10

Sind in deiner Stadt Fremde willkommen?

0 1 2 3 4 5 6 7 8 9 10

Kannst du dich anziehen wie du willst, ohne komisch angeguckt zu werden?

0 1 2 3 4 5 6 7 8 9 10

Würde dir jemand Fremdes helfen, wenn du in Not geraten würdest?

0 1 2 3 4 5 6 7 8 9 10

Hilft du mit, deine Stadt freundlicher zu machen? Zum Beispiel dadurch, dass du andere anlächelst?

0 1 2 3 4 5 6 7 8 9 10

Wurdest du schon mal von der Stadt nach deinen Ideen gefragt?

0 1 2 3 4 5 6 7 8 9 10

Weißt du, wer in der Stadtverwaltung die Interessen der Kinder und Jugendlichen vertritt? ja ☐ nein ☐

Wie gerne hast du deine Stadt?

0 1 2 3 4 5 6 7 8 9 10

MACH WEG DEN SCH***!

FALSCHEN HUNDEHAUFEN BACKEN

Eine Tasse Mehl mit einer Tasse Wasser mischen. Dazu kommt Kaffeesatz für die braune Farbe. Wickle dann einen schmalen Strang Watte in die Form eines Hundehaufens. Tauche ihn in den Mehlmix. Auf einem mit Backpapier ausgelegten Backblech bei 150 Grad etwa 20 Minuten lang backen.

IGITT!!!
Die falschen Hundehaufen sollen darauf aufmerksam machen, wie eklig die echten sind. Und natürlich müssen sie auch genauso wieder entsorgt werden. Aber das ist ja klar, oder?

DANK

Wie eine Stadt, so braucht auch jedes Buch bei der Entstehung viele Helfer. Herzlichen Dank fürs Mitbauen an Tim Rieniets, Hanna Hinrichs, Christina Bacher, Christian Badel, Christian Franken, Nicola Hengst-Gohlke, Gesine Grotrian, Lisa Rienermann, Matthias Schierbaum, Janine Sommer, Petra Stockhausen, Anke Stuckmann-Scholl und Suely Torres!

„Jetzt entdecke ich meine Stadt" ist Teil des Projekts #stadtsache, das unterstützt wird von der Landesinitiative StadtBauKultur NRW 2020.

StadtBauKulturNRW

IMPRESSUM

MIX
Paper from responsible sources
FSC® C127349

Dieses Buch ist erhältlich als
ISBN 978-3-407-82209-3 Print

Text & Foto: Anke M. Leitzgen & Anne Lachmuth
www.anke-m-leitzgen.de

Gestaltung: Annette Wolter
www.annettewolter.de

Schriften: F Lobster von Gesine Grotrian und First von Annette Wolter

Druck und Bindung: Pario Print
Printed in Poland
1 2 3 4 5 22 21 20 19 18 17

Weitere Informationen zu unseren Autoren und Titeln finden Sie unter: www.beltz.de

Wer mit einer Gruppe arbeiten möchte, findet hier ausgewählte Arbeitsmaterialien aus dem Buch zum kostenlosen Download: www.beltz.de/978-3-407-82209-3 und weitere Materialien auf www.stadtsache.de

BILDNACHWEIS

A. Leitzgen, A. Lachmuth: Seite 1, 4-5, 12,-23, 25, 29, 30, 32-35, 38-41, 46-47, 50-52, 54, 56, 62-63
Pixabay: Seite 2-3, 8-11, 24, 26-27, 42-45, 48-49, 56, 58-59
Wikimedia Commons: Seite 6-7, 57
Surely Torres: Seite 28
Petra Stockhausen: Seite 31
OpenStreetMap: Seite 36-37
Lisa Rienermann: Seite 53
Matthias Schierbaum: Seite 56

FÜR FORSCHER UND ENTDECKER:

Der Sach- und Ideenschatz zum Stadtentdecken – so wirst du Stadtexperte: Wie werden Städte geplant? Warum ist das gar nicht so einfach? Warum sollen Städte noch grüner werden? Mit vielen Infos, Interviews mit Stadtexperten und Kindern, die erzählen, wie es ist, in der Stadt zu wohnen.

Gebunden, 160 Seiten
978-3-407-76185-9

„Ein wunderbares Buch, es regt die Fantasie an, macht Lust, die gebaute Umwelt zu erleben und sprüht vor Ideen und Anleitungen, diese auch umzusetzen." Deutschlandradio

„Das Buch von Anke M. Leitzgen und Lisa Rienermann ist ein Ideenschatz." Kölner Stadt-Anzeiger

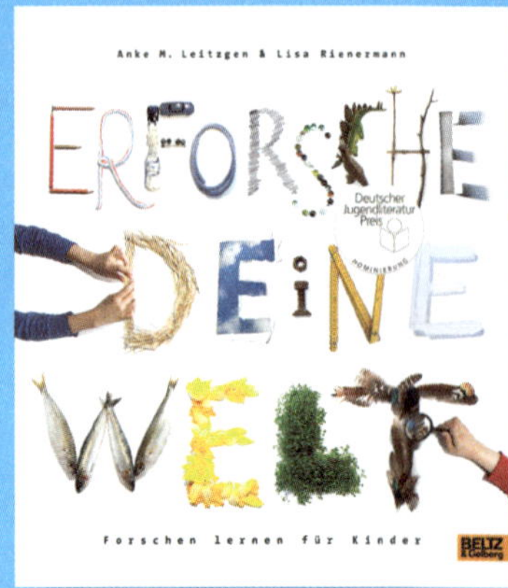

ISBN 978-3-407-76185-9

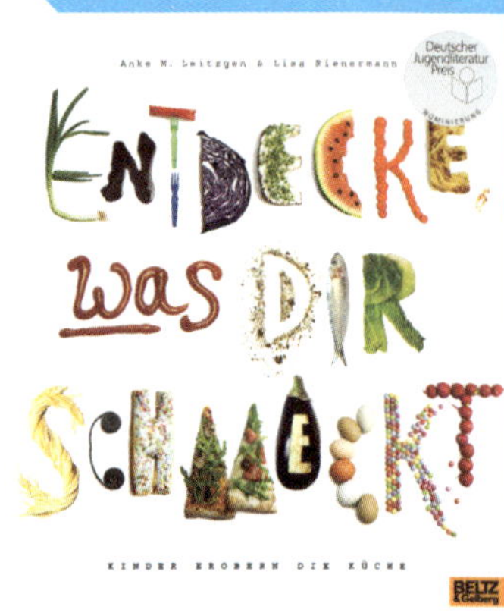

ISBN 978-3-407-76185-9

ISBN 978-3-407-76185-9

www.beltz.de

BELTZ & Gelberg